A QUARESMA

Dados Internacionais de Catalogação na Publicação (CIP)
(Câmara Brasileira do Livro, SP, Brasil)

A Quaresma / idealização e coordenação Natália Maccari ; redação Suely
Mendes Brazão . – 5. ed. – São Paulo : Paulinas, 2011.

ISBN 978-85-356-2784-8

1. Cristianismo   2. Quaresma   I. Maccari, Natália.   II. Brazão,
Suely Mendes.   III. Série.

11-01897   CDD-263.92

Índice para catálogo sistemático:
1. Quaresma : Cristianismo   263.92

Redação: Suely Mendes Brazão

Ilustrações: Osney F. Rocha

5ª edição – 2011
3ª reimpressão – 2022

Nenhuma parte desta obra poderá ser reproduzida ou transmitida
por qualquer forma e/ou quaisquer meios (eletrônico ou mecânico,
incluindo fotocópia e gravação) ou arquivada em qualquer sistema ou
banco de dados sem permissão escrita da Editora. Direitos reservados.

Paulinas

Rua Dona Inácia Uchoa, 62
04110-020 – São Paulo – SP (Brasil)
Tel.: (11) 2125-3500
http://www.paulinas.com.br – editora@paulinas.com.br
Telemarketing e SAC: 0800-7010081

© Pia Sociedade Filhas de São Paulo – São Paulo, 1996

Idealização e coordenação:
Natália Maccari

A QUARESMA

Redação:
Suely Mendes Brazão

Que é quaresma?

Quaresma é o período de quarenta dias entre a quarta-feira de Cinzas - logo após o Carnaval e a Semana Santa, que se inicia com o Domingo de Ramos.

Durante esses dias, a Igreja e todos os cristãos preparam-se para a Páscoa.

Obs.: As palavras que aparecem sublinhadas em cada página têm uma explicação sobre seu significado na página 16.

Por que quarenta dias?

São muitos dias não? Quanta coisa a gente não faz em quarenta dias.

O período da quaresma quer nos relembra os quarenta dias que Jesus passou no deserto logo após seu batismo e antes de começar sua pregação.

Durante esses dias, sem comer e sem beber, Jesus apenas rezava. Para tentar afastá-lo de Deus, o diabo aproximou-se de Jesus, fazendo-lhe várias ofertas aparentemente vantajosas. Mas Jesus se recusou a ouví-lo e expulsou-o de lá.

Faça você mesmo

Como você está vendo a Quaresma é um tempo em que nós recordamos o sofrimento de Jesus e sua morte.

Nada melhor, então, do que acompanharmos esse período fazendo algo bonito para oferecermos a Cristo na Páscoa.

Que tal cultivar flores? Você poderá semeá-las na terra ou em vasos, no início da quaresma, e vê-las começando a florir na Páscoa. O que é melhor, nós podemos dar as flores que plantarmos de presente na páscoa para quem amamos.

Para melhor coordenar seu trabalho, siga as seguintes instruções:

a) compre os saquinhos com diferentes sementes de flores.
b) há flores que vivem bem em vasos, como violeta, gerânio.

c) ponha terra no vaso, sem chegar até a borda.
d) faça pequenos furos na terra, não muito profundos.

e) em cada furo, coloque algumas sementinhas.
f) regue o vaso regularmente.
g) Quando der as flores, ou no dia da Páscoa, faça um embrulho bonito e dê o seu presente. Vai ser o maior sucesso!

O Domingo de Ramos

A Semana Santa começa no Domingo de <u>Ramos</u>, um domingo antes da Páscoa.

Nesse dia, recordamos a entrada de Jesus em Jerusalém, pouco antes de sua morte.

O povo recebeu-o com festa. Montado em um burrinho, Jesus entrou na cidade. E as pessoas, que muito ouviam falar de seus milagres, estenderam mantos para ele passar e agitaram ramos de oliveira e palmeira para homenageá-lo.

O Evangelista são Mateus nos fala um pouco desse dia, acompanhe-o:

"Levaram a jumenta e o jumentinho, colocaram os mantos sobre eles, e Jesus montou. Uma grande multidão estendeu seus mantos pelo caminho; outros cortaram ramos de árvores, e os espalharam pelo caminho. As multidões, que iam na frente e atrás de Jesus, gritavam: "Hosana ao filho de Davi! Bendito aquele que vem em nome do senhor! Hosana no mais alto do céu!" Quando Jesus entrou em Jerusalém, toda a cidade ficou agitada, e perguntava: "Quem é ele?" E as multidões respondiam: "É o profeta Jesus, de Nazaré da Galiléia". Mateus 21,7-11

Por isso, atualmente, em muitos lugares, quando se desenha algo sobre a Páscoa, ou se faz uma decoração para essa festa, logo surgem como motivos principais as folhas verdes das palmeiras, símbolos pascais.

Vamos ao teatro?

Você gosta de teatro? Já pensou algum dia em ser ator ou atriz e representar peças? Pois aqui está uma boa oportunidade para você começar. Quem sabe acabará descobrindo sua verdadeira vocação?

Mas este teatro é muito diferente, é bem melhor. Porquê? Por que é um teatro de bonecos. Você já foi a um teatro de bonecos? É demais, não? Cada boneco engraçado, cada estória do "arco-da-velha", é diversão da boa e certa. Então, vamos criar nosso próprio grupo de teatro de boneco? Ótimo!

A seguir, você encontrará quatro desenhos que lhe servirão de tema para montar sua peça de teatro. Reúna seus colegas e amigos, escreva junto com eles o texto da peça, monte o palco e os cenários, faça os bonecos, dê-lhes nomes e mãos à obra... Ah! e não se esqueça de convidar a platéia... E sucesso!!!

Muitos personagens e sugestões para encenar sua peça você poderá encontrar na Bíblia, no Novo Testamento, no Evangelho de Mateus, capítulos 26 a 28; no Evangelho de Marcos, capítulos 14 a 16; no Evangelho de Lucas, capítulos 22 a 24; e no Evangelho de João, capítulos 18 e 19.

A Última Ceia

Na quinta-feira da Semana Santa, Jesus convidou seus doze apóstolos para uma ceia especial, em comemoração da Páscoa dos judeus, o "Pessach".

Durante essa refeição, Jesus partiu o pão e deu-o aos discípulos, dizendo que aquele pão era agora o seu corpo. Depois pegou o cálice com vinho e deu a todos, dizendo que aquele vinho passava a ser o seu sangue. Estava assim instituída a <u>Eucaristia.</u>

Foi também durante esse jantar que Jesus lavou os pés de seus discípulos (<u>lava-pés</u>), para mostrar que todos nós devemos ser humildes e servir os outros.

Encontre se puder

Estamos em Jerusalém, na manhã da Sexta-feira Santa. Jesus já foi julgado e os homens que o condenaram preparam-se para levá-lo ao Calvário. Mas onde está a cruz? Ninguém sabe onde ela foi colocada e todos a procuram. Você é capaz de achá-la?

Olha, sei que dá vontade de não encontrá-la, mas lembre-se que se Ele não for crucificado, não teremos sua ressurreição, a nossa Páscoa!

Agora dá mais ânimo? vamos lá, 1, 2, 3 achando a cruz!

Obs.: *Você encontrará as respostas a todas as atividades na página 16.*

A prisão de Jesus

Após a ceia dessa quinta-feira, Jesus foi para um jardim, próximo do centro de Jerusalém, para rezar.

Um dos seus discípulos, Judas Iscariotes, para ganhar dinheiro, contou às autoridades de Jerusalém onde Jesus estava. Como os governantes queriam prendê-lo, com medo de que ele se tornasse um chefe do povo, foram para lá com soldados. E assim Jesus foi preso.

O que é? O que é?

Você é bom de adivinhação?

Charadas são sempre um bom passatempo. Além disso, você fica sabendo muitas coisas e aprende palavras novas. Tente adivinhar o significado destas charadas.

a) O que é? O que é?
Tem escamas, mas não é peixe; tem coroa, mas não é rei.

b) O que é? O que é?
Por mais que se corra atrás dela, nunca a alcançamos.

Gostou? Que tal um campeonato de "O que é? O que é?" Ganha quem acertar mais adivinhações e quem souber ou trouxer mais charadas tem prêmio especial. O jogo pode ser individual, por time ou dois jeitos. Depois de tudo organizado convide seus amigos e familiares para assistir e participar do jogo. Será divertido, com certeza.

Obs.: Respostas na página 16.

A morte de Cristo

Preso, Jesus foi levado diante das autoridades judaicas e romanas (os romanos, naquela época, dominavam a Palestina).

Acusado injustamente de vários crimes, Jesus foi julgado rapidamente e condenado a morrer na cruz, que era um castigo dado aos criminosos daquele tempo.

Jesus, carregando sua cruz, foi levado a um lugar chamado Calvário, onde o pregaram na cruz, entre dois ladrões, também condenados. E lá ele morreu, na tarde de Sexta-feira Santa.

Dobrando papel

As serpentes sempre foram consideradas inimigas do homem, assumindo, por vezes, a figura do próprio diabo.

As serpentes são conhecidas também como cobras, são répteis de corpo alongado, sem pés, com um comprimento que varia de alguns centímetros até dez metros. Conseguem engolir sua presa por inteiro, digerindo-a lentamente. Algumas serpentes possuem os chamados "dentes do veneno", pelos quais corre um líquido tóxico, que pode matar as pessoas mordidas por elas.

Que bicho medonho hein?

Vamos nos divertir um pouco, talvez dar um susto em alguém distraído. O que acha de fazermos uma cobra de papel. Genial não!

Se você quiser fazer uma serpente de papel, siga os desenhos que fornecemos a seguir. Não é difícil. Para começar, arranje um quadrado de papel com 15cm de lado, da cor que quiser, mãos-à-obra. Divirta-se.

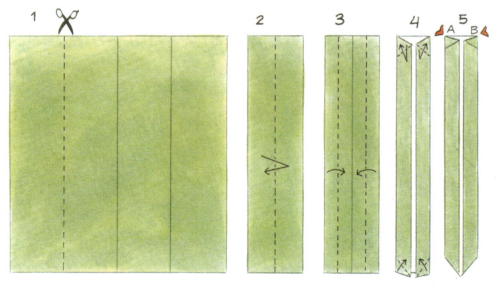

1) Dividir a folha em quatro partes iguais e utilizar uma delas.
2) Dobrar em vale e tornar a abrir.
3) Puxar os dois lados até a linha mediana.
4) Dobrar os quatro ângulos.
5) Empurrar para dentro os pontos A e B.

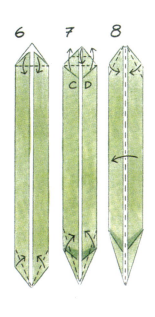

6) Dobrar em vale ao longo das linhas traçadas.

7) Abaixar a ponta E e, sucessivamente, levantar as pontas C e D.

8) Dobrar novamente a ponta superior e dobrar o molde ao meio.

9) Deitar para trás e ao avesso a cabeça da serpente.

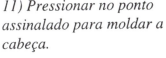

10) Tornar a virar a cabeça da serpente para a frente.

11) Pressionar no ponto assinalado para moldar a cabeça.

12) Dobrar a cauda para cima.

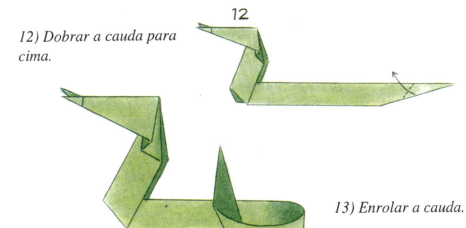

13) Enrolar a cauda.

Para você recordar

Em qualquer livro que se leia, há sempre aquelas palavras que não conhecemos bem, ou que não sabemos exatamente o que querem dizer. Nesta página você encontrará o significado de algumas palavras que apareceram nos textos deste livro.

Quaresma - período de quarenta dias em que os cristãos fazem penitência, esperando a Páscoa da Ressurreição de Cristo.

Páscoa - antiga festa de pastores para comemorar a primavera; festa dos hebreus, para relembrar sua saída do Egito, no tempo de Moisés; festa anual dos cristãos para celebrar a ressurreição de Cristo.

Ramos - festividade com que se comemora a entrada de Jesus em Jerusalém e que marca o início da Semana Santa.

Ceia - refeição da noite; jantar.

Eucaristia - um dos sete sacramentos da Igreja católica, no qual se crê que Jesus está presente em corpo e sangue, na forma de pão e vinho.

Lava-pés - cerimônia realizada na Quinta-feira Santa para evocar o fato de Jesus ter lavado os pés de seus discípulos.

Calvário - colina próxima a Jerusalém, onde Jesus foi crucificado; a palavra "calvário" significa "caveira".

Oração

Jesus, você que morreu para nos salvar e nos conduzir ao Reino de Deus, faça com que, durante a Quaresma e a Semana Santa, possamos recordar o que aconteceu em Jerusalém, agradecendo-lhe de coração tudo o que você sofreu por nós. Amém.

Respostas às atividades

página 10: *A cruz está dependurada no muro à direita*

página 12: *a) abacaxi / b) sombra*

ISBN: 978-85-356-2784-8

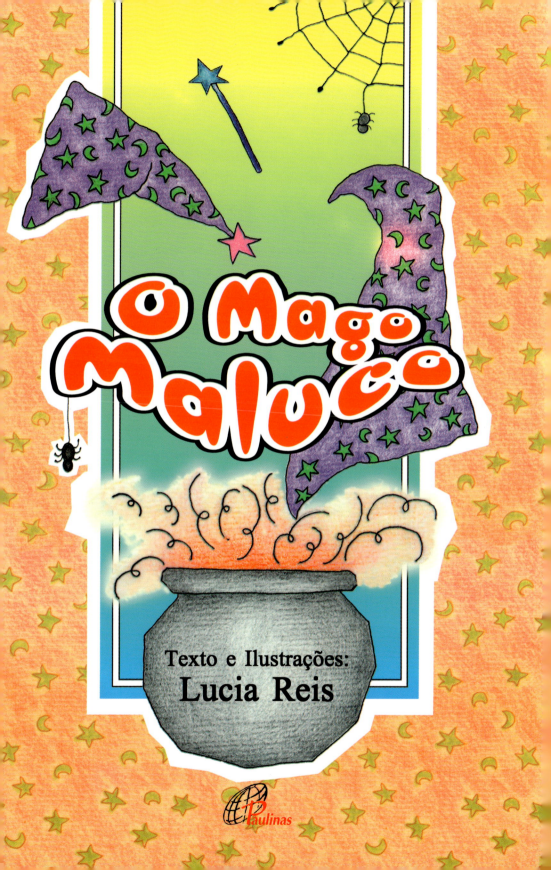